MONTRE-MOI

Le cirque

PRESSES AVENTURE

© **Les Publications Modus Vivendi Inc.**

Publié par **Presses Aventure**,
une division des Publications Modus Vivendi
3859, autoroute des Laurentides
Laval (Qc) H7L 3H7
Canada

Concept pédagogique: Marc Alain
Textes: Marc Alain
Illustrations: Serge Rousseau

Données de catalogage avant publication (Canada)
Vedette principale au titre:
  Le Cirque
  (Montre-Moi)
  Publié aussi en anglais sous le titre: Circus Fun.
  Pour enfants de 2 à 6 ans.
  ISBN: 2-922148-88-2
  1. Cirque – Ouvrages pour la jeunesse. I. Collection.
GV1817.C57 2000   j791.3   C00-941175-5

Dépôt légal: 3e trimestre 2000
Bibliothèque nationale du Québec
Bibliothèque nationale du Canada
Bibliothèque nationale de France

Canadä Nous reconnaissons l'aide financière du gouvernement du Canada par l'entremise du Programme d'Aide au Développement de l'Industrie de l'Édition (PADIÉ) pour nos activités d'édition.

MONTRE-MOI

Le cirque

Peux-tu compter les éléphants?

Trois

Il n'arrête pas de faire rire les enfants. Qu'est-ce que c'est?

Un clown

Les acrobates rebondissent dessus.
Qu'est-ce que c'est?

Un trampoline

Peux-tu compter les acrobates?

Deux

Peux-tu compter les funambules sur la corde?

Un

Cet animal saute dans un cerceau en feu.
Qu'est-ce que c'est?

Un tigre

Les voltigeurs se balancent dessus.
Qu'est-ce que c'est?

Un trapèze

Peux-tu compter les chevaux sur la piste?

Quatre

Peux-tu trouver le singe savant?

Pointe avec ton doigt

Il abrite le public lors de la représentation.
Qu'est-ce que c'est?

Un chapiteau

Peux-tu compter les cerceaux autour des jambes du jongleur?

Cinq

Cet animal rugit. Qu'est-ce que c'est?

Un lion

Comment s'appelle le monsieur qui présente le spectacle?

Monsieur Loyal

Peux-tu compter les lions?

Cinq

Peux-tu trouver le clown?

Pointe avec ton doigt

Que fait apparaître le magicien dans son chapeau?

Une colombe

Comment s'appelle le défilé de la fin de la représentation?

La parade

Qu'est-ce qui sort de la bouche
du lanceur de flammes?

Du feu

Cet homme va être projeté à travers la piste.
Qu'est-ce que c'est?

Un homme-canon